O homem Irracional

FREUD

FOLHA
EXPLICA

FREUD

LUIZ TENÓRIO OLIVEIRA LIMA

Patativa

PUBLIFOLHA

Editor
Arthur Nestrovski

Assistência editorial
Paulo Nascimento Verano
Marcelo Ferlin Assami

Projeto gráfico da coleção
Silvia Ribeiro

Produção gráfica
Soraia Pauli Scarpa

Revisão
Mário Vilela e Marina Magalhães

Foto da capa
Bettmann/Corbis/Stock Photos

Fotos
Keystone (p. 6); Rogério Albuquerque/Folha Imagem (p. 44);
Sigmund Freud © Bettmann/Corbis/Stock Photos (capa)

Editoração eletrônica
Picture

Dados internacionais de Catalogação na Publicação (CIP)
(Câmara Brasileira do Livro, SP, Brasil)

Lima, Luiz Tenório Oliveira
Freud / Luiz Tenório Oliveira Lima. 2ª ed. – São Paulo : Publifolha, 2013. – (Folha Explica)

2ª reimpr. da 2ª ed. de 2009.
Bibliografia.
ISBN 978-85-7402-334-2

1. Freud, Sigmund, 1856-1939 – Psicologia
2. Psicanálise I. Título. II. Série.

01-5365 CDD-150.1952

Índices para catálogo sistemático:
1. Freud, Sigmund : Método pcicanalítico 150.1952
2. Psicanálise freudiana 150.1952

Este livro segue as regras do Acordo Ortográfico da Língua Portuguesa (1990), em vigor desde 1º de janeiro de 2009.

PUBLIFOLHA
Divisão de Publicações do Grupo Folha
Al. Barão de Limeira, 401, 6º andar
CEP 01202-900, São Paulo, SP
Tel.: (11) 3224-2186/2187/2197
www.publifolha.com.br

SUMÁRIO

Sigmund Freud (1856-1939)

INTRODUÇÃO

for one who'd lived among enemies so long:
if often he was wrong and, at times, absurd,
to us he is no more a person
now but a whole climate of opinion.

daquele que viveu por tanto tempo entre inimigos:
se muitas vezes estava errado, e às vezes era absurdo,
para nós já não é mais uma pessoa,
mas todo um clima de opinião.

W. H. Auden, "In Memory of Sigmund Freud".
(novembro de 1939)

O que diferencia a cria de uma mamífera como a leoa, por exemplo, de uma criança, um bebê recém-nascido? Quem sabe? A pergunta pode parecer impertinente, uma vez que são visíveis e muito distintas as características de uma criança e de um leãozinho. O recém-nascido humano não tem a mesma pele, nem o mesmo corpo, nem as mesmas feições de um filhote de leoa, como sabemos. Isso é óbvio. Mas também é óbvio o fato de que, ao nascer, ambos dependem da mãe para ser alimentados e protegidos. Então, em que diferem esses dois mamíferos desde aquela tenra idade, na qual a cultura humana nada significa para o filhote de homem?

O que explica, por exemplo, que uma criança, mesmo bem alimentada, satisfeita em suas necessidades biológicas elementares, seja capaz de sugar horas a fio uma chupeta, de onde não sai leite nenhum, e se entreter com isso – hábito que, seguramente, não entreteria nenhum bicho?

A teoria elaborada por Freud explica essa diferença essencial que existe desde o início entre o mamífero humano e os demais. Qual seja: além da necessidade biológica, física, de se alimentar para sobreviver, o homem nasce com a capacidade de sentir prazer em várias partes de seu corpo, e a vivência que tem dessa capacidade é tão importante para seu desenvolvimento quanto o alimento. Os mecanismos pelos quais o ser humano experimenta aquela capacidade de ter prazer são o ponto de partida da teoria de Freud. Ela demonstra como a história de cada indivíduo é não só inseparável da vivência do prazer – que tem origem biológica, no sistema nervoso central –, mas determinada por ela.

O modo de convivermos com a satisfação e a frustração de nossos desejos define quem somos, além de nos diferenciar dos outros mamíferos desde o nascimento. Molda a civilização humana e é condição de seu surgimento. É disso que este livro pretende tratar.

A maneira pela qual Freud desenvolveu suas ideias, entre o final do século XIX e grande parte do século XX, marcou definitivamente o pensamento contemporâneo. Aqui serão apresentados os tópicos principais desse desenvolvimento, desde as origens da teoria freudiana da mente, a partir da medicina biológica. Freud foi originariamente médico neuropatologista e neurologista clínico; naquele tempo, dividia suas atividades, sendo pesquisador em laboratório de neuroanatomia e médico de doenças nervosas em consultório. Seu trabalho com pacientes histéricos permitiu a descoberta da origem psíquica dos sintomas deles, levando-o em seguida à descoberta do inconsciente, força motivadora e determinante do comportamento humano. A interpretação dos sonhos, a sexualidade das crianças e seus desdobramentos no adulto, o reconhecimento da existência de desejos sexuais e da ambivalência dos afetos infantis em relação aos pais (o complexo de Édipo) são igualmente tópicos importantes a tratar. A invenção de um método terapêutico – a psicanálise –, para a investigação e tratamento das neuroses e depois, por extensão, de outros distúrbios mentais, constitui outro grande tema.

Serão vistas também as consequências das descobertas freudianas na cultura e no comportamento humano em geral. Freud não inventou somente um método de investigação da mente e de tratamento psicológico por meio da palavra; ao fazê-lo, contribuiu também para mudar definitivamente a maneira de os homens se pensarem e compreenderem o mundo, conferindo importância central à dimensão simbólica e histórica de todo comportamento.

Ao contrário do que geralmente se supõe, as ideias de Freud se difundiram com grande rapidez nos principais países do Ocidente, gerando controvérsias e conflitos nos meios médicos e universitários, como é comum a todo pensamento novo. No Brasil, por exemplo, embora estivéssemos tão distantes da Europa, Juliano Moreira (1873-1933), professor da Faculdade de Medicina da Bahia, no remoto ano de 1899, menciona a seus alunos os trabalhos do dr. Sigmund Freud, de Viena. Moreira pode ser considerado o precursor do movimento psicanalítico em nosso país. Em 1928, fundou uma Sociedade Psicanalítica no Rio de Janeiro. Já Franco da Rocha (1864-1933) fez em 1919 conferências sobre psicanálise na Faculdade de Medicina de São Paulo. Sua influência foi decisiva para que Durval Marcondes (1899-1981), jovem médico paulista, se tornasse o pioneiro na formação e desenvolvimento da psicanálise clínica no Brasil.[1]

As ideias de Freud têm tido entre nós uma presença considerável, não só na área médica e psicológica, mas também, e principalmente, nas universidades e no meio cultural. Na verdade, desde o movimento modernista, ideias psicanalíticas estão presentes, de modo marcante, em nossa produção cultural. Este é, contudo, um tema que por si só mereceria outro livro. Portanto, não será desenvolvido aqui.[2]

---

[1] Ver: Chemouni, Jacquy. *História do movimento psicanalítico*. Rio de Janeiro: Zahar, 1991.

[2] Cf., por exemplo: Andrade, Oswald de. *Do pau-brasil à antropofagia e às utopias*. Rio de Janeiro: Civilização Brasileira, 1972.

1. DA MEDICINA NEUROLÓGICA A UMA TEORIA ORIGINAL DA MENTE

Sigmund Freud nasceu em 6 de maio de 1856, na pequena cidade de Freiberg, na Morávia, que na época era província do Império Austro-Húngaro e hoje pertence à República Tcheca. Naqueles meados do século XIX, o debate sobre a condição humana na Europa ocidental dividia-se em duas tendências. Uma, mais antiga, era espiritualista e atribuía a diferenciação entre os humanos e os demais mamíferos à existência da alma e, por consequência, da mente. Segundo os espiritualistas, a alma seria anterior ao corpo e destinada a sobreviver a ele. Quanto ao corpo, não passaria de um vaso a conter a alma, ou algo a que o espírito se associaria em cada etapa de seu movimento eterno. Era uma concepção religiosa do ser humano, a qual acreditava na reencarnação – crença que de resto continua existindo, como se sabe.

A outra tendência, oposta e materialista, era fruto do conhecimento da neuroanatomia e das pesquisas em fisiologia do cérebro humano, que vinham se desenvolvendo na Europa desde o século XVIII e ganhavam impulso naquela época. Para seus adeptos, o chamado espírito ou alma humana, entendido como mente, não seria mais do que mero reflexo da mecânica de funcionamento do organismo físico. Conhecida como materialismo mecanicista, tal teoria fazia derivar todas as manifestações psíquicas – e o comportamento das pessoas – da atividade cerebral, do sistema nervoso. O próprio Freud, no início de suas pesquisas científicas, foi fiel a essa tendência, mas logo percebeu suas limitações.

No ano de 1886, em Paris, a observação do trabalho desenvolvido pelo eminente neurologista francês Jean Martin Charcot (1825-1893) com pacientes histéricas contribuiu decisivamente para que Freud mudasse de opinião. Essa experiência foi fundamental para o desenvolvimento ulterior das teorias terapêuticas de Freud sobre a origem das neuroses, e por isso começamos este livro falando da importância de seu encontro com Charcot.

Freud era ainda estudante da Faculdade de Medicina de Viena (onde ingressara em 1873) quando se interessou pelo funcionamento do sistema nervoso e, a partir do terceiro ano, passou a se dedicar à pesquisa de laboratório. Trabalhou como pesquisador de neuroanatomia e fisiologia entre 1876 e 1882 e fez residência médica no Hospital Geral de Viena até 1885, quando conseguiu uma bolsa de estudos para estagiar em Paris com o então famoso Charcot. Chegou em outubro daquele mesmo ano à capital francesa, com o objetivo de fazer pesquisas sobre a anatomia do sistema nervoso. O contato com Charcot o levou a se interessar, porém, pelas manifestações da mente, de afeto, emoção e sentimentos. Esta passou a ser sua principal preocupação como pesquisador. Até ter encontrado

Charcot, Freud procurava, na pesquisa de laboratório, nas lâminas com tecido nervoso, alguma resposta para tais questões básicas. Os métodos de pesquisa do neurologista francês, muito menos ortodoxos, iriam revolucionar seu pensamento.

Charcot trabalhava no Salpêtrière, um hospital de Paris especializado no tratamento de pessoas com distúrbios mentais e neurológicos. Pesquisava o tratamento de pacientes histéricos, que não eram levados muito em conta pela medicina da época. Os histéricos eram, na maioria, mulheres. Estas apresentavam sintomas diversos, como paralisias (que as impediam de mover braços ou pernas ou até um lado inteiro do corpo), afasias (a impossibilidade da fala), cegueira de um olho ou dos dois. Algumas, ainda, tinham problemas com o tato. Às vezes, sofriam também de ataques convulsivos e desmaios. Enfim, um quadro de sintomas que os neurologistas buscavam explicar com base em alguma causa orgânica, sem sucesso. Faziam exames neurológicos e não encontravam nada, nenhum indício de deficiência cerebral.

Charcot passou a hipnotizar essas pacientes e conseguiu, em muitos casos, por meio da sugestão hipnótica, fazer com que tais sintomas desaparecessem. Se a intervenção baseada na sugestão do médico dava resultados e os sintomas deixavam de existir, então a origem deles não era realmente orgânica, mas psicológica, considerou Freud. Foi essa hipótese que provocou uma revolução em seu pensamento. Para explicá-la sem recorrer à existência de uma alma sobrenatural ou a causas orgânicas, Freud desenvolveu outras hipóteses, que iria amadurecer e comprovar no trabalho clínico com Josef Breuer (1842-1925), um médico vienense mais velho, com quem trabalharia nos dez anos seguintes.

Usando o método da hipnose com as pacientes histéricas da clínica de Breuer, Freud chegou à conclusão de que os sintomas por elas apresentados tinham origem em problemas relativos à sexualidade. Ou melhor: eram resultantes da censura ou repressão de desejos e fantasias experimentados durante a primeira infância. Não tinham noção de tal censura nem dos fatos que escondiam e, por isso, não tratavam do assunto quando estavam em estado normal, de vigília. O relato de tais vivências só aparecia durante a hipnose.

Uma paciente de Breuer, conhecida na literatura psicanalítica como Anna O., contribuiu particularmente para o amadurecimento das hipóteses de Freud e o desenvolvimento do que viria a ser seu método psicanalítico. Submetida ao tratamento hipnótico (ou método catártico, como também era chamado), Anna O. passou a mencionar fatos de sua infância, particularmente fantasias sexuais com o pai, sobre os quais não conseguia falar em estado de consciência, permitindo a Freud perceber aí a existência da censura, que ele viria a explicar como mecanismo de repressão.

A história de Anna O. é fundamental para a origem da psicanálise. Essa jovem judia, que vinha de uma família abastada de Viena e contava 21 anos na época de sua doença, teve seu caso exposto por Breuer em 1895, nos *Estudos sobre a histeria*, escritos em parceria com Freud. Nesse livro, os autores propuseram um novo conceito de histeria, segundo o qual a paciente histérica sofre de reminiscências. Daí surge um método novo de tratamento, baseado na catarse.

Durante as sessões de hipnose, acontecia de Anna O. usar o inglês em vez do alemão. Muito inteligente, ela utilizou as expressões *talking cure* ("cura pela fala") e *chimney sweeping* ("limpeza de chaminé") para definir seu tratamento com Breuer, que se estendeu de julho de 1880 a junho de 1882. "Limpeza de chaminé" designaria a rememoração que o método hipnótico permitiu e que limpou sua mente de lembranças perturbadoras, como se limpasse uma chaminé das camadas de fuligem acumuladas. Breuer chamou o processo de catarse e apresentou o caso Anna O. como protótipo de tratamento catártico. Catarse, portanto, é o nome que se dá ao processo em que a pessoa, em estado hipnótico, fala tudo que lhe vem à mente, o que lhe traz grande alívio emocional.

Os sintomas de Anna O. apareceram durante o processo de doença e morte de seu pai, conforme constatou Breuer no processo de catarse. Durante a fase inicial da doença paterna, Anna começou a ter alucinações e acessos de tosse e, quando ele piorou, a moça passou a apresentar paralisia e distúrbios da visão e da linguagem. Não conseguia mais se expressar em alemão e misturava diversas línguas, até se fixar no inglês. Sua personalidade dividiu-se, e Anna teve de ser internada num sanatório no final do processo de tratamento, quando os sintomas se agravaram. O desaparecimento progressivo dos sintomas e a cura foram obtidos por meio da rememoração de suas lembranças traumáticas, conforme escrevem Breuer e Freud nos *Estudos sobre a histeria*.

A história de Anna O. está na origem da noção (partilhada por muita gente até hoje) de que a psicanálise é um processo em que a pessoa tem a possibilidade de se lembrar e, ao se lembrar, de se curar. Esse modelo não corresponde, porém, aos fatos. Mas tem sua importância no que concerne à origem pré-psicanalítica do processo de investigação da mente. O método catártico, com a função curativa que se supunha que possuísse naquela época, não pode ser confundido com o atual método psicanalítico. Sua utilização, contudo, foi decisiva na experiência de Freud para elaboração de sua teoria da mente. Graças ao trabalho clínico com pacientes histéricos, Freud conseguiu construir um modelo para explicar o funcionamento da mente humana, baseado na compreensão de que os fenômenos psíquicos, tanto os que são patológicos quanto os que movem uma pessoa normal, teriam a mesma origem: seriam processos típicos da instância que ele chamou de inconsciente.

A teoria da mente elaborada por Freud foi a primeira explicação científica a ter contrariado o padrão dominante na medicina neurológica da época, que estabelecia um nexo mecânico entre as lesões do sistema nervoso central e o comportamento psíquico. O próprio Freud chamava atenção para esse aspecto, ao dizer que uma das consequências de seus estudos com Charcot foi ter ouvido do neurologista francês que a investigação das relações entre as doenças orgânicas e a anatomia do sistema nervoso estava esgotada. Seria preciso investigar, então, as causas das neuroses: obsessões, fixações, fobias etc., que os estudos feitos até ali não conseguiam explicar.

2. A DESCOBERTA DO INCONSCIENTE

O fato de ter percebido que um eminente neurologista como Charcot, reconhecidamente brilhante, não conseguira explicar as neuroses com base no estudo neurológico do cérebro deu um ânimo particular a Freud para que prosseguisse em suas investigações, como vimos no capítulo anterior. O trabalho clínico com as pacientes histéricas, inspirado pelo caso de Anna O., permitiu-lhe desenvolver um novo campo de conhecimento e criar uma teoria original da mente, que veio a ser a psicanálise. A pedra de toque dessa nova teoria foi a descoberta do inconsciente, que Freud associaria, logo em seguida, à sexualidade infantil, como fatores principais nos distúrbios ou sintomas neuróticos, cujo protótipo é a histeria.

Nos *Estudos sobre a histeria*, Freud demonstrara que a paciente histérica sofre de reminiscências, relacionadas com a existência do corpo e suas vivências deste, e não com o funcionamento do cérebro em si. E qual seria a causa do problema? Conforme veio a constatar, era justamente o fator que tornava a criança recém-nascida um ser humano, diferente das crias dos outros mamíferos: ser portadora não apenas dos instintos biológicos, mas da capacidade de sentir prazer e desejo. Nos bichos, tal necessidade é só instintiva, biológica. Mas, nos humanos, desde o início da infância, está associada à experiência de cada um no contato com o mundo e com os outros e é sujeita a inúmeros significados. Essa característica única da espécie humana, que não tem a ver necessariamente com a aptidão biológica dos indivíduos, é responsável pelo bem-estar individual e, ao mesmo tempo, constitui fonte de potenciais problemas psíquicos, conforme percebeu Freud.

Segundo tal ponto de vista, experiências vividas pela criança, perturbadoras ou por ela experimentadas como perturbadoras (não importa muito essa diferença, como veremos mais adiante), poderiam estar na origem das neuroses e dos sintomas físicos das histéricas. A paralisia de um braço ou mão, por exemplo, poderia resultar de um impulso hostil da criança contra a mãe, de dar-lhe um soco na barriga ao descobri-la grávida. Ao conter esse impulso, ou seja, ao não realizar o desejo de dar o soco (porque a culpa a impediria de fazê-lo), ela ficaria doente, paralisada. Com o sintoma, ao invés de ser punida pelos pais, essa criança acaba conseguindo ser cuidada.

O fato de a mãe estar grávida não representa um problema em si, como sabemos. O que pode ser grave e ter consequências é a apreensão desse fato por cada criança. O que provoca a repressão, a censura e, eventualmente, o sintoma (uma paralisia) não é uma força mecânica. Não é algo que resulta de uma ação proporcional, ao contrário do que se verifica no mundo dos fenômenos físicos quando, por exemplo, observamos os diferentes efeitos das batidas entre dois carros. Ao procurar explicar o fenômeno da repressão, Freud verificou que a força que impede o desejo de se realizar é cheia de significados e tem dinâmica própria para cada indivíduo, de acordo com seu histórico pessoal e familiar.

Voltando ao exemplo citado, do desejo de agredir a mãe, vamos ver que a criança, seja menino, seja menina, pode sentir-se traída ao ver a mãe grávida. Se é menina, por também desejar o pai, como a mãe; se é menino, por também querer a mãe, que é do pai, e sentir-se ameaçado por este com a possibilidade de castração. Como podemos ver, são questões dramáticas da infância, que serão detalhadas nos dois capítulos seguintes, sobre a sexualidade infantil e o complexo de Édipo.

O que interessa agora é retomar a investigação de Freud, em sua clínica, em Viena, quando acabou de constatar que os pacientes histéricos sofrem de reminiscências relacionadas com a existência do corpo e de suas vivências deste, e não com o funcionamento certo ou errado do cérebro em si. Essa conclusão o levou a cogitar sobre a existência de uma força que mantém a lembrança encoberta, escondida, reprimida, a qual ele, no início, chamou de censura e, logo depois, de repressão. Foi essa a ideia que lhe serviu de base para desvendar a instância da atividade mental a que denominou inconsciente. Uma instância que, em princípio, não é a favor nem contra a pessoa, mas atua de forma diferente: não é necessariamente percebida por nós, embora tenha tudo a ver com nosso histórico de vida. É uma das grandes descobertas de Freud: a existência do inconsciente, que representa a força de nossos desejos, realizados ou insatisfeitos – pouco importa –, e que nos move o tempo todo.

É interessante lembrar que, antes de ter chegado a esse entendimento do inconsciente, Freud deparou-se com a questão do trauma psíquico, durante o tratamento das pacientes histéricas. Sua primeira ideia era que elas seriam portadoras de um trauma de infância. Teriam de fato sido seduzidas pelo pai, ou por um tio ou algum adulto, e a marca de tal episódio, inconsciente, apareceria como sintoma histérico. Essa hipótese revela uma história curiosa, que vamos ver logo adiante. Freud verificou, em seguida, e isso foi um grande passo em sua teoria, que a experiência de ser seduzida não precisava existir concretamente para que a criança viesse a apresentar, na vida adulta, os sintomas histéricos. A fantasia da menina de ter uma experiência sexual com o pai, por exemplo, bastaria para que se pudessem apresentar problemas psíquicos caso esse desejo não viesse a ser elaborado e transformado em ternura e afeição pela figura paterna, durante o desenvolvimento da criança. Freud viria a concluir que os sentimentos da menina em relação ao pai, bem como os do menino em relação à mãe, são, por natureza, ambivalentes.

A relação de uma criança com o pai e a mãe, ou com parentes adultos, assim como com os irmãos, compõe-se de paixão e ódio, atração e repulsa, o tempo todo. Isso é compreensível, pelo fato de o meio familiar ser aquele no qual a criança realiza o aprendizado do prazer, do desejo e do contato com o outro, próprio da espécie humana. O ambiente no qual se inicia, enfim, o processo de vir a ser humano que a diferencia de um mamífero como, por exemplo, um leãozinho.

Mas, voltando a Viena e aos pacientes de Freud, depois da publicação dos *Estudos sobre a histeria*, em 1896, vamos observar um dado curioso. Na clínica, Freud passou a ouvir os relatos de suas pacientes sobre vivências na infância, no meio familiar, que o deixaram assustado. Em quase todos, apareciam episódios de sedução de crianças pelos adultos. Freud ficou tão impressionado que chegou a comentar isso nas várias cartas que trocou com colegas: andava espantado com a quantidade de ocorrências de incesto na cidade de Viena. Praticamente todas as suas pacientes contavam histórias de que, quando crianças, tinham sido bolinadas, seduzidas e seviciadas pelos pais ou por outros parentes adultos.

Com o tempo, Freud foi percebendo que tais histórias, na maioria, tinham origem em fantasias. A observação foi providencial para que desenvolvesse, a partir dali, outro ponto-chave de sua teoria da vida mental: não era necessário que se desse o fato concreto para que o efeito traumático existisse nas lembranças inconscientes das pessoas e originasse neuroses. Bastava o profundo desejo. E o contrário não seria necessariamente verdadeiro: meninos ou meninas que tivessem, de fato, sido seduzidos na infância por um adulto não estavam fadados a ficar traumatizados por isso.

Não se conhecia, até aquela época, o papel que a fantasia poderia ter na origem das neuroses. O contato com as pacientes histéricas, primeiro pela colaboração com Breuer e depois pela observação clínica, permitiu a Freud descobrir esse processo mental, entre outros que configuram os conflitos internos do ser humano, fruto da experiência e de desejos percebidos apenas em parte pela consciência. A outra parte, omitida ou negada, ficaria relegada ao plano ou instância que ele chamou de inconsciente.

Posteriormente, Freud estendeu a descoberta do inconsciente para interpretar os comportamentos psíquicos das pessoas normais e explicar sentimentos e sensações que são vividos no cotidiano, mas não são percebidos, ou seja, que são experimentados de forma involuntária, como os que acabam provocando a série de atos involuntários, os sonhos, os lapsos de memória, os trocadilhos. Um exemplo clássico é o do sujeito que vai cumprimentar o amigo no aniversário e, ao invés de dizer parabéns, diz: "Meus pêsames", para se corrigir em seguida, envergonhado: "Por favor, desculpe-me. Não foi intencional". Isso significa que, embora ele não deseje voluntariamente a morte do amigo, nutre, inconscientemente, um impulso hostil em relação a este.

Há uma história famosa, contada pelo sambista Ciro Monteiro num espetáculo que fez com Ismael Silva no Teatro Opinião, do Rio de Janeiro, nos anos 1960. (Salvo engano, chamava-se "Telecoteco Opus 1".) Trata-se de uma história narrada como anedota, a ida de Ciro ao velório de um amigo. Foi acompanhado por um amigo de longa data, que, ao cumprimentar a viúva, comentou assim a perda do marido: "Que coincidência!". Diante da situação, ele na verdade deveria ter dito: "Que catástrofe!". Esse é um lapso interessantíssimo. Não há como dizer se o amigo estava interessado na viúva, mas o episódio poderia ser interpretado de tal maneira.

Em geral, todo lapso tem um sentido, e, para Freud, esse sentido é sempre sexual. Essa percepção está na origem das teorias freudianas sobre a sexualidade infantil ou sobre a importância da infância na formação da mente adulta.

Em 1900, Freud publicou *A interpretação dos sonhos*, livro que revolucionou as concepções da época, não só sobre o fenômeno do sonhar, mas principalmente sobre o funcionamento e a constituição da mente. Sua técnica de interpretação pode ser resumida a tomar o conteúdo manifesto de um sonho, por mais absurdo que este possa parecer ao senso comum, e relacioná-lo a um conteúdo latente (as ideias oníricas), que representaria o desejo inconsciente do sonhador. A relação entre o sonho e o desejo inconsciente que ele representa é feita pela interpretação do analista, que leva em conta a experiência vivida com o paciente no consultório.

Essa experiência envolve o que Freud chamou de "transferência" e suas manifestações, como será visto no capítulo 4. A noção de transferência é muito importante para compreender a interpretação dos sonhos. Consiste na repetição, por parte do paciente com o analista, de desejos, sentimentos e atitudes vividos em relação aos pais na infância.

O inconsciente é uma força atuante, como se pode ver. Uma instância fundamental e constitutiva da vida mental, que atua de acordo com o histórico de cada um e com as condições que cada um tem de transformar o que ocorre em sua vida. Isso porque nossa mente trabalha o tempo todo com os conflitos internos inconscientes, e a maneira pela qual lida com eles pode tanto engendrar o sintoma e a doença como promover a criação e o desenvolvimento da pessoa. É inevitável que assim seja.

3. A SEXUALIDADE INFANTIL E A ORIGEM DA VIDA MENTAL

No começo deste livro, mencionamos a questão aparentemente insólita do que, para além das aparências óbvias, distingue um leãozinho de uma criança humana. Antecipou-se a conclusão de que a capacidade de sentir prazer molda a diferença básica entre a criança humana e o filhote de leoa, ao condicionar o desenvolvimento mental. Agora, trataremos daquela capacidade em pormenores e veremos como é importante o papel de Freud nessa história. A "descoberta" da sexualidade infantil é, possivelmente, a mais importante feita por Freud depois daquela do inconsciente, e os dois "achados" constituem, sem dúvida, os fundamentos da psicanálise como teoria da mente e prática terapêutica.

Na época em que Freud viveu e até meados do século XX, a sociedade não admitia publicamente – escorada na moral e seus intérpretes: os educadores, sacerdotes e outros – que crianças fossem capazes de sensações de prazer sexual. Os padrões rígidos de comportamento, fruto do grau elevado de hipocrisia social, impediam o reconhecimento daquela realidade. Nesse sentido, devemos a Freud a "descoberta" da sexualidade infantil, embora ela, é claro, sempre tenha existido.

Freud passou a valorizar esse aspecto da experiência humana, como já vimos, ao ouvir os relatos das pacientes histéricas sobre suas vivências eróticas. Não demorou a perceber a importância do tema, tanto que das primeiras experiências clínicas, publicadas em 1896 em Viena, à publicação dos *Três ensaios sobre a sexualidade infantil*, em 1905, passaram-se menos de dez anos. O que o levou a investigar as vivências corporais da criança desde a mais tenra infância foi a percepção de que elas poderiam estar na origem da compreensão não só das neuroses, mas também, e principalmente, da constituição da mente humana.

A hipótese de Freud era que a mente adulta vai sendo moldada na infância, de acordo com as experiências de prazer e desprazer que a criança vivencia em cada fase de desenvolvimento da libido. Por libido, Freud entendia a energia corporal expressa pelos instintos sexuais. Segundo sua teoria da sexualidade, a libido humana não apenas dá origem à experiência do prazer, mas também produz reflexos em nosso comportamento psíquico. Em outras palavras, ela está por trás de tudo que fazemos ou deixamos de fazer. São três as fases de amadurecimento sexual descritas por Freud: oral, anal e fálico-genital.

Para entender melhor como elas se desenvolvem, vamos imaginar um ensaio de orquestra, em que todos os músicos começam a tocar seus instrumentos ao mesmo tempo, sem nenhuma combinação prévia. A libido infantil até a fase fálico-genital tem essa característica anárquica. A criança sente prazer em sugar desde o nascimento, é um prazer oral, mas segue experimentando sensações de prazer e desprazer por todos os outros orifícios do corpo, como o ânus e a uretra, bem como pelos órgãos dos sentidos, desde o olhar até o tato. Quando descobre o cocô e o xixi, por exemplo, passa a manipular as sensações que experimenta, soltando ou segurando as fezes ou a urina.

Ela experimenta outras possibilidades de prazer ou desprazer ao olhar e ser olhada, se exibir, se esconder, tocar e ser tocada, causar ou sentir dor etc. Todas essas vivências são típicas de uma criança pequena e observáveis em seu relacionamento com os adultos, especialmente com o pai e a mãe. Ela suga o seio materno e objetos como a chupeta, toca tudo, morde e é mordida por outras crianças, não é verdade? Quando passa a ser treinada a fazer xixi e cocô no lugar certo, começa a jogar com a mãe, segurando as fezes ou soltando-as para agradá-la ou desagradá-la. Essa multiplicidade de sensações corporais percebidas pela criança permanece desorganizada até a fase fálico-genital, da mesma maneira que os instrumentos da orquestra quando os músicos tocam todos ao mesmo tempo.

Voltando a esse exemplo da orquestra, vamos imaginar o momento em que chega o maestro e põe os músicos para tocar cada um a seu tempo, em harmonia. Pois bem, a libido humana também precisa de um maestro que harmonize a multiplicidade de sensações difusas vividas pela criança pequena. E esse maestro aparece na fase fálico-genital do desenvolvimento da libido. É o conhecido complexo de Édipo, como vamos ver com mais detalhes no próximo capítulo. A fase do complexo de Édipo, em que a criança passa a desenvolver o que Freud chamava de interesses "genitais", quando começa a desejar um dos pais só para si, como objeto sexual, culmina no processo de amadurecimento da libido infantil e é essencial para sua saúde mental como adulto. Uma vez que ela é obrigada a reprimir esse impulso e a sublimar o desejo, ocorre em sua mente a clivagem ou separação entre o mundo dos fenômenos conscientes e o dos inconscientes. Muito do que ela deseja fica reprimido no inconsciente, operando de forma paralela à consciência, mas de outras formas.

O fracasso ou a frustração em demasia, experimentados pela criança no percurso dessas descobertas de sensações de prazer e desprazer até a fase da entrada em cena do maestro, determina em grande medida os apetites, desejos e comportamentos dela como adulto. Por exemplo, atos de avidez e voracidade, como beber, comer ou fumar demasiado, estariam associados à fixação da libido infantil na fase oral. Os atos de retenção expressos pela avareza, pela mesquinhez ou pela compulsão de acumular dinheiro ou bens ou de gastar demais expressariam a fixação da libido na fase anal, em que a criança descobre as fezes e o prazer de manipulá-las e retê-las ou soltá-las. Freud chegou a tais associações comparando o comportamento de pessoas neuróticas com as ações das crianças nas várias fases de desenvolvimento libidinal. Evidentemente, essa correspondência que ele identificou não é mecânica, como não é completa e perfeita a integração mental do adulto, mesmo que tenha chegado à fase fálico-genital sem grandes acidentes de percurso. Há toda uma gradação entre os comportamentos humanos, de acordo com o amadurecimento maior ou menor da libido sexual na infância.

Quando a harmonia entre os vários instintos sexuais deixa muito a desejar – por exemplo, quando falta o maestro que organiza a harmonia dos vários instrumentos e permanecem descoordenados aqueles impulsos –, um deles pode predominar sobre os outros. Vêm daí sintomas perversos do comportamento adulto, como o sadismo, o masoquismo, o exibicionismo. Ou a neurose, que é o sintoma inverso da perversão. O sujeito neurótico é inibido; ele teme até realizar o que é normal e natural, o que se espera dele, por medo de ser perverso com suas ações.

O indivíduo perverso realiza seus impulsos sexuais sem nenhuma inibição, como sabemos. Eles triunfam sobre o sujeito, transformando-o, por exemplo, num exibicionista, que vai à porta do colégio mostrar os genitais para as meninas na saída. Tem prazer de ser olhado por elas, como o bebê tinha prazer de ser visto pela mãe. A pessoa neurótica age ao contrário. Pode ficar inibida de tirar a roupa, em contato amoroso com uma mulher, como se estivesse diante de uma situação imprópria.

Comparando as perversões e as neuroses com uma fotografia, poderíamos dizer que as perversões são a foto, o positivo, o que aparece revelado, e as neuroses são o negativo da foto, o que não se vê, fica escondido. Ambos os lados, porém, são resultado da desorganização da libido sexual e indicam que os impulsos sexuais vividos pela criança durante seu desenvolvimento até a fase genital, que se dá entre os três e os seis anos, não se integraram. Até os cinco ou seis anos, esse processo deve se resolver, como veremos no próximo capítulo, com a entrada em cena do complexo de Édipo. Ele representa a repressão: é o pai, que mostra ao menino que ele não pode ter a mãe como objeto sexual; ou é a mãe, que impede a menina de ter o pai. Essa interdição do incesto é fundamental para organizar os impulsos sexuais infantis. O desejo de ter um dos pais é eficientemente reprimido; a criança cresce e, após o período de latência, vai procurar um objeto sexual fora da família. É na puberdade, com a maturação da sexualidade biológica, que tem possibilidade de realizar o que Freud chama de fase genital. Aí, ambos os sexos estão aptos a fecundar e a exercer a sexualidade genital.

As chances de a pessoa se tornar ou não um adulto relativamente saudável são fundadas ao longo dessas experiências libidinais da infância, de acordo com a vivência de cada um – que não depende necessariamente da relação com os pais durante essa fase, mas é bastante determinada pelo que cada um traz consigo, como herança genética e traço de personalidade.

4. ÉDIPO E A ORIGEM DA PESSOA

Freud concebeu a formação da mente humana de uma perspectiva totalmente inovadora para a época e, sobretudo, reveladora do desenvolvimento da sexualidade na criança. A origem das fantasias e de toda uma série de comportamentos que nos humanizam e nos diferenciam dos animais – isto é, nos desnaturalizam – residiria nesse processo de desenvolvimento da libido até a fase genital. Agora, vamos tratar dela – o momento em que o processo de formação da personalidade atinge o ponto culminante, com a resolução do complexo de Édipo, e em que aquele ser completamente dependente do adulto, que é a criança pequena, aberta a sensações desorganizadas de prazer, começa a se transformar em pessoa, dona de uma personalidade. O período e seu contexto (a família) envolvem elementos típicos de um drama clássico, como sentimentos de amor e ódio, posse e rivalidade, desejo de destruição. Não é por outra razão, aliás, que Freud foi buscar na tragédia grega os elementos para caracterizá-lo.

Do mito de Édipo na versão de Sófocles (que é do século V a.C.), o que interessa a Freud e, portanto, à psicanálise é o tema do incesto, presente em toda família humana e essencial ao conceito do complexo de Édipo ou da situação edípica, como também é denominada essa etapa da vida infantil. Na situação edípica, estão em jogo o desejo original de toda criança de ter um dos pais para si e a repressão desse desejo. Sendo menino, o desejo é ter a mãe; sendo menina, de ter o pai, tomá-lo como objeto sexual.

O menino tem o desejo de ter a mãe só para si; quer penetrá-la e sente que para isso deve afastar o pai do caminho, destruí-lo, como a um rival. A menina tem a fantasia de ser penetrada pelo pai e ter um bebê dele. À medida que surge, tal desejo é reprimido pela criança porque, segundo Freud, ela teme sofrer represálias físicas dos pais. O menino receia ser literalmente castrado pelo pai, e a menina tem medo de perder o amor da mãe. Uma vez reprimido, o desejo de ter a mãe e hostilizar o pai, no caso do menino, ou vice-versa, no caso da menina, é afastado da consciência, mas não da vida mental da criança. Ele permanece como conteúdos do inconsciente, operando em sintonia com a vivência que cada indivíduo teve dessa fase da vida. Por exemplo, uma pessoa pode sentir muita ternura e amor pela mãe e não perceber a hostilidade que, em outro plano, nutre por ela. Ou, ao contrário, só consegue perceber a hostilidade e não o amor subjacente a isso.

A mente humana continua operando de acordo com tais conteúdos até o final da vida. É como se essa fase da experiência, que estamos chamando de complexo de Édipo, fosse uma configuração viva que habita cada um de nós, assim como, digamos, um fragmento de matéria radioativa que tem vida muito longa. A experiência que tivemos de nossos desejos em contato com pai, mãe e irmãos, no meio familiar, continua gerando emanações radioativas dentro de nós por toda a vida. Está por trás, por exemplo, de nossas escolhas profissionais e amorosas, de nosso modo de fazer as coisas, de conseguirmos criar ou não, e assim por diante.

A literatura está repleta de situações que refletem essas consequências da experiência edípica na vida das pessoas. Principalmente as que envolvem relações amorosas. Uma comédia de Shakespeare (1564-1616) em que aparecem resíduos claros de tal experiência é *Muito barulho por nada*, em que os dois protagonistas se hostilizam ao longo da peça para ao final ficarem juntos. Na realidade, nutrem grande amor um pelo outro; mas não tinham consciência do fato. Os escritores sempre perceberam esses conteúdos inconscientes que as pessoas carregam de suas experiências iniciais na vida, em contato com os pais; mas só com Freud surgiu uma teoria capaz de relacionar os distúrbios neuróticos à experiência erótica e emocional vivida na infância. Para elaborar suas teorias, ele se inspirou muito na literatura, como, para dar mais um exemplo, na tragédia *Hamlet*, outra obra de Shakespeare.

Essa peça chamou tanto a atenção de Freud que ele, em carta a Fliess (15/10/1897), relacionou o drama da personagem às angústias que o filho alimenta em referência ao pai, devido à hostilidade que dedica a este por causa do amor pela mãe. Logo depois, Freud extrairia da tragédia de Édipo o modelo para teorizar esses sentimentos. Com suas pacientes histéricas, na clínica de Breuer, já vinha percebendo a importância da relação com os pais no desenvolvimento mental das pessoas. Todas lhe relatavam cenas de sedução na infância, como vimos no capítulo 3.

É interessante notar que o desenvolvimento da sexualidade e da resolução do complexo de Édipo, que molda a mente de uma criança e a transforma em adulto, não depende necessariamente de como os pais lidam com ela. É todo um conjunto de interações que entra em cena durante essa fase das primeiras experiências amorosas e hostis do ser humano. E o que ele traz consigo como herança genética, seus traços de personalidade, desempenha papel tão importante quanto as circunstâncias da vida familiar. Essa questão, no entanto, até hoje gera controvérsia entre os psicanalistas, psiquiatras e outros profissionais que lidam com pessoas com distúrbios psicológicos. Alguns têm a tendência de atribuir a doença à herança genética e enfatizar o aspecto orgânico de sua origem.[3]

Numa situação clínica, de análise, é possível perceber os efeitos dessa fase da experiência humana na vida do paciente, porque ela continua operando consequências. Entre as pessoas sem distúrbios graves, ela também está presente, é claro. Mesmo pessoas que apresentam história satisfatória de desenvolvimento e amadurecimento carregam elementos fora de seu controle, no plano inconsciente. O que verificamos é uma gradação de tipos de indivíduos que vai desde os adultos mais adaptados a suas circunstâncias singulares até os mais patológicos. Segundo Freud, a diferença entre esses tipos é qualitativa e fruto da experiência singular na fase de desenvolvimento da libido. Visto que a repressão do impulso incestuoso, que faz parte da primeira experiência amorosa da criança, nunca é perfeita, os sintomas neuróticos de um adulto seriam resultado da angústia, a culpa ou inibição de dar vazão a esses impulsos naturais genitais. A pessoa neurótica, segundo essa ótica, teme

---

[3] Ver, por exemplo: Sulloway, Frank. J. *Freud – Biologist of the Mind: Beyond the Psychoanalytic Legend*. New York: Basic Books, 1979.

realizar seus desejos. Ela acredita que, se o fizer, vai estar concretizando o desejo incestuoso que sentiu lá atrás pelo pai ou pela mãe. E isso tem de ser reprimido. O neurótico reforça a repressão. Seu comportamento é, por consequência, cheio de inibições.

Freud construiu um modelo de entendimento das neuroses humanas usando o mito de Édipo, como já mencionamos. Em seu tempo, era uma ideia completamente nova. Até então, nunca (a não ser de modo literário) se pensara que, emocional e sexualmente, o menino e a menina só se tornam adultos independentes, realizados, se não lhes for permitido possuir os pais para si e se a repressão a tal impulso é eficaz. É essa a condição para que uma nova família se organize e os indivíduos se reproduzam culturalmente.

Por mais independentes e realizados que esses adultos se tornem, entretanto, eles estarão sempre sujeitos a repetir padrões de conduta, inconscientes, herdados das situações dramáticas vividas com os pais na infância. À manifestação desses fatores emocionais profundos, infantis, nas relações do adulto com outras pessoas, Freud chamou de transferência. Ela também é parte constitutiva da relação entre paciente e analista.

A transferência é uma noção importantíssima para a psicanálise. Só ela torna possível o tratamento analítico. Freud percebeu a natureza recorrente desses comportamentos em suas pacientes histéricas. Todas elas desenvolviam grande amor, frequentemente erótico, por Freud, bem como apresentavam às vezes sentimentos hostis. Ele pôde deduzir que tais manifestações de afeição repetiam padrões de relacionamento que aquelas pacientes teriam tido com os pais, na infância, o que o levou à conclusão de que toda a neurose tinha origem na relação da criança com os pais e de que, na análise, ela se repetiria na forma do que ele chamou de neurose de transferência.

A cura da neurose de transferência seria a cura do indivíduo de tal sujeição a padrões infantis de conduta. É claro que esse é um modelo ideal. Na realidade, a questão nunca se resolve por completo. Não há cura absoluta do sujeito em relação a sua própria origem, porque nunca o inconsciente se torna de todo transparente ou perceptível. Como dizia Sartre em *As palavras*: "Ninguém se cura de si mesmo".[4]

[4] Sartre, Jean-Paul. *As palavras*. Rio de Janeiro: Nova Fronteira, 2000.

Réplica do divã que Freud utilizava em seu consultório.

5. SUPEREGO, MORAL E LEI: DO INDIVÍDUO AO GRUPO HUMANO

A repressão do desejo incestuoso de possuir um dos pais, desejo que toda criança sente de forma inexorável, é o ponto culminante do processo de formação da personalidade, segundo a teoria de Freud sobre a construção da mente. É o que ele chama de resolução do complexo de Édipo. Como ele se resolve? De que forma essas intensas vivências de desejo de posse por um dos pais e repulsa ao outro, na primeira infância, transformam-se e repercutem na moral e na lei, viabilizando assim a vida em sociedade?

Freud elaborou a teoria da formação do superego para explicar como o complexo de Édipo se resolve e garante a sobrevivência do indivíduo dentro do grupo humano. Essa teoria está estreitamente ligada ao processo de amadurecimento sexual que se desenvolve no núcleo familiar e em que estão implicados desejos tão intensos de posse e de renúncia. O superego é aquela instância que se costuma denominar nossa polícia interna. Ele nos dá a impressão de que nos observa como uma espécie de senhor da razão, diariamente a julgar nossos atos e escolhas, para aprová-los ou (até com mais frequência) censurá-los.

A teoria do superego foi descrita por Freud em *Totem e tabu* (1913), livro sobre a origem da moral e da lei e, em última instância, da cultura. A sociedade surge como resultado da exogamia, os casamentos feitos fora da família, entre diferentes clãs. Baseado nos estudos da antropologia da época, Freud imaginou no livro um tempo pré-histórico, povoado por hordas de primatas, no qual um grande chefe monopoliza as fêmeas. Nesse modelo endogâmico de vida em grupo, o pai é dono das mulheres, e nenhum outro o desafia. Ele as toma para si, impedindo o acesso dos filhos e de outros homens a elas.

Tal esquema de posse se mantém até dado momento da história humana, quando uma rebelião dos homens destrói o pai-dono-das-mulheres e distribui as fêmeas, formando então novos clãs. As condições para o surgimento da cultura são dadas a partir desse momento e asseguradas com a criação de regras de conduta para os homens e mulheres que compõem os clãs, regras essas erigidas em torno de determinado totem – daí o nome do livro. Os clãs se estabelecem com totens e tabus que garantem sua reprodução e continuidade, no espaço e no tempo. Por exemplo: as mulheres de um clã não podem pertencer aos homens do mesmo clã (os casamentos dentro do mesmo grupo são proibidos); da mesma forma, determinados alimentos não podem ser consumidos por esse clã, mas podem ser usados pelos demais. Os totens geralmente são símbolos de origem vegetal ou animal. Com regras como essas, os grupos humanos pré-históricos assegurariam a troca de alimentos e mulheres e a reprodução da comunidade, como se pode depreender da grande conjetura freudiana.

O tema do totemismo já era conhecido da antropologia do século XIX, mas ainda estava a caminho de ser estudado de maneira mais profunda, o que só foi feito a partir da década de 1950, inicialmente pelo antropólogo francês Claude Lévi-Strauss, em *Le totémisme aujourd'hui*.[5] Nesse livro, Lévi-Strauss mostra que a instituição do totem dá forma à cultura, porque serve aos indivíduos e suas famílias como símbolo de identidade do clã e permite classificar e organizar o mundo. Os totens representam o conhecimento do grupo, sua maneira de interpretar a natureza física e animal, seu saber – enfim, sua cultura.

Quanto a tabu, a palavra já era usada pelos antropólogos do século XIX, para se referir às interdições associadas ao totem de cada clã. Por exemplo, o membro do clã cujo totem é representado pela águia não pode comer ovos de águia, nem usar penas do pássaro. Para se enfeitar ou se proteger, terá de escolher a pena de outro tipo de ave, ou a pele de um animal como o leopardo ou a onça, por exemplo. Transgredir a regra implica punição severa.

Freud se inspira nessa organização que grupos humanos tribais desenvolvem, em torno de símbolos que representam regras e interdições, para criar seu conceito de superego – que nada mais é do que uma espécie de totem interno, que todos carregamos, donde a ideia de polícia interna, que nos diz o que é certo ou errado fazer – como uma instância destacada do sujeito, sempre a observá-lo e prescrever normas e exigências. É ao que Freud quer chegar

[5] Lévi-Strauss, Claude. *Le totémisme aujourd'hui*. Paris: PUF, 1962.

com sua teoria do superego: o superego estaria para o indivíduo como o totem para a origem da cultura. O que isso significa?

Segundo a construção mítica imaginada por Freud, os grupos pré-históricos devoram simbolicamente num grande banquete aquele pai que monopoliza as mulheres e, depois de se alimentarem das partes de seu corpo, distribuem entre si as fêmeas, dando origem ao clã e à organização do mundo. Com o indivíduo humano, no meio familiar, a situação se repetiria de forma semelhante. A criança pequena, se é um menino, por exemplo, tem ódio ao pai, porque deseja a mãe, mas é obrigada a renunciar a ela por medo de ser castrada. No entanto, a ideia de afastar o pai do caminho para ter a mãe só para si permanece e obriga o menino a devorá-lo, simbolicamente – a incorporar o pai em sua mente. Seria essa a origem do superego, aquela instância destacada do eu, que Freud define como produto da identificação do menino com a figura paterna e que, de resto, é condição indispensável para o indivíduo vir a se tornar adulto. Como não pode ser pai da própria família, ele incorpora o pai, introjeta a figura paterna e se identifica com ela em grande parte. A identificação com o pai permite ao sujeito sair da família e constituir outra. O resultado desse processo é a formação do superego e do caráter do sujeito. Freud desenvolveu tal teoria de modo completo em *O ego e o id* (1923).

Quando esse sujeito é mulher, há diferenças que precisam ser levadas em conta. O modelo apresentado de construção do superego não se aplica inteiramente à mulher. Ela nunca teria superego plenamente desenvolvido ou estabelecido, achava Freud, porque a mulher não se identifica da mesma forma com a figura do pai. Assim sendo, não introjeta as regras da cultura, do mundo social. Restaria nela, portanto, algo de criança, ou em aberto. Mais livre.

Essa visão é bastante controversa, uma vez que a teoria de Freud sobre o desenvolvimento do indivíduo é muito centrada no menino e em sua relação com a mãe e com a figura do pai, relação em que a situação edípica e o conceito de castração se mostram centrais. Em alguns artigos sobre a feminilidade que escreveu já no final dos anos 1920 e início dos 1930, o próprio Freud reconheceu sua dificuldade em elaborar uma teoria que contribuísse especificamente para entender o tema da mulher, do feminino.

Não há constrangimento em comentar esse tipo de limitação do pensamento freudiano, porque Freud não tem uma teoria geral, nem muito menos definitiva, sobre a realidade, o mundo, a cultura etc. O que não invalida o conjunto de teorias que ele propôs para dar conta do modo pelo qual a mente humana se constitui, combinando certos elementos da vivência corporal, biológica, com a dimensão histórica. São teorias que ajudaram a constituir o conhecimento psicanalítico, que, por sua vez, veio contradizer a tradição científica do Ocidente desde Descartes (no século XVII). Com elas, Freud demonstrou como não existe um mundo concreto – da realidade – em oposição a um mundo subjetivo, quando se trata do ser humano como pessoa, indivíduo. Do ponto de vista do sujeito, o que chamamos de realidade é resultado de nossa subjetividade, nosso mundo interior, e o que chamamos de subjetividade é em grande parte marcado pelos impactos e vicissitudes da experiência concreta, material, do mundo externo, de nosso corpo em relação com os outros corpos. O mundo das necessidades.

Do ponto de vista psicanalítico, não existe separação nítida entre esses dois mundos, entre o que é real e o que é construído por nós, nossas fantasias e desejos. E suportar essa mão dupla, do que construímos com base no que é real fora e dentro de nós, é bom sinal de sanidade. Tal tolerância é possível se tivermos capacidade para perceber que somos a origem de nossos sentimentos.

De fato, só podemos responsabilizar a nós mesmos pelo que somos. Dizer que sou assim porque foi minha mãe que me fez assim é supor que existe uma mãe externa, concreta, que foi má e me tornou uma pessoa problemática. Não é isso que todo mundo diz? Pois isso é *antipsicanalítico*. A psicanálise afirma: "Essa mãe que eu vejo pode até ter contribuído bastante para meus problemas, mas é uma construção de meu desejo – da frustração que sinto por ela não ter correspondido a minha paixão, ao menos da forma que eu gostaria".

É isso que torna a psicanálise fascinante e revolucionária: o fato de trabalhar com a fronteira dos sentimentos, dos desejos e do mundo concreto (o corpo e suas necessidades), que é a única realidade palpável. A meta da psicanálise inventada por Freud é viabilizar o contato do ser humano com seus sentimentos de amor e ódio – tornar o sujeito capaz de suportar essa tensão.

6. A CULTURA E O MAL-ESTAR: AGRESSÃO E SEXUALIDADE

Um aspecto importante da constituição do conhecimento psicanalítico, fundado por Freud, é sua teoria sobre o funcionamento da mente. Ao pesquisar e desenvolver uma teoria do sintoma neurótico, ele acabou revelando como a mente humana é moldada pelas vivências sexuais da criança, desde a mais tenra idade. Conforme já vimos em capítulos anteriores, essa teoria tem por fundamento a experiência da sexualidade infantil.

Freud considera que o desenvolvimento mental do ser humano é determinado, antes de tudo, pela relação de seu corpo com o corpo da mãe e do pai. Em função do prazer e desprazer que experimenta no contato físico com os pais, na nutrição, na digestão dos alimentos, nas manifestações de afeição e carinho que recebe e também no desconforto e na dor que sente, o corpo da criança vai se erotizando. E essa experiência corporal não só permanece viva no inconsciente da criança, mas é a matriz das configurações mentais que terá na vida adulta, como aspectos de sua personalidade e de seu caráter.

Os desdobramentos de tal teoria são importantes, porque Freud extraiu dela uma nova concepção da cultura, que vamos ver neste capítulo. A compreensão de aspectos profundos da personalidade humana, do ponto de vista psicanalítico, permitiu-lhe estabelecer novos nexos entre os indivíduos e o grupo social, que não haviam sido percebidos pelas ciências sociais da época.

No livro *Totem e tabu*, de 1913, objeto do capítulo anterior, Freud já esboçava a nova visão da cultura, que iria desenvolver mais detalhadamente em *Psicologia do grupo e análise do ego* (1920) e, especialmente, no ensaio *O mal-estar na civilização* (1930). Este último é um trabalho extraordinário, no qual Freud utiliza a psicanálise para compreender as estruturas culturais de nosso tempo.

Os acontecimentos políticos que marcaram o início do século XX, como a Primeira Guerra Mundial (à qual Freud assistiu como habitante do Império Austro-Húngaro, que desapareceu por aquela época), influenciaram muito as ideias que ele apresenta nesse ensaio. O texto trata da relação entre agressão e sexualidade, entre a repressão dos desejos e a insatisfação que resulta desse fato no plano profundo, inconsciente, de cada indivíduo. E trata também das consequências desse processo no plano social, da cultura. Freud começava a perceber que havia aí um paradoxo: quanto mais civilizada é a cultura, ou seja, mais democrática e libertária, mais se dissemina a insatisfação entre os indivíduos e mais se manifesta a angústia.

Ele então conclui que, quanto mais as instâncias repressoras da mente, em conexão com as instâncias repressoras do meio social, são eficazes para produzir a civilização, maior é a possibilidade de a violência se manifestar. E, quanto mais os sentimentos, as emoções, os impulsos dos indivíduos são administrados, menor a possibilidade de a violência se tornar selvagem, como expressão dos instintos descontrolados. Essa é a tese principal do ensaio sobre o mal-estar na cultura. E ela aponta para aspectos bastante verdadeiros de nossa cultura contemporânea, ocidental. Três anos depois de publicado o livro, ocorreu a ascensão do nazismo e, em 1939, a eclosão da Segunda Guerra Mundial (a que Freud não assistiu), quando a violência se mostrou ainda mais inaudita.

Pode-se pensar em outros elementos que estão subjacentes na relação do indivíduo com o grupo ou a sociedade e que se relacionam com as teorias de Freud, mas que ele não explicita em *O mal-estar na civilização*. Por exemplo, a dificuldade, cada vez mais pronunciada nos indivíduos, de desenvolver métodos estáveis que transformem a agressividade e a sexualidade em algo produtivo e inventivo. Freud chamava de sublimação essa capacidade de uma pessoa expressar a angústia, a agressividade, as forças em conflito, de forma criativa. Sem mutilá-las.

A experiência atual mostra, no entanto, que tem sido cada vez mais difícil para as pessoas se responsabilizarem por seus próprios sentimentos e impulsos. O sujeito contemporâneo sente-se desamparado. Não se recuperou do abandono em que se viu colocado desde o advento dos regimes democráticos e das ideologias libertárias, que erodiram a autoridade da religião e da família. Com os regimes democráticos, essas duas fontes de referência para o comportamento do indivíduo, que eram socialmente coercitivas, perderam muito de seu poder. O indivíduo, então, ou desenvolve consistentemente a personalidade para lidar com suas tensões – e isso acontece com muitos –, ou resvala para a intolerância – o que é observável na maioria. É o que explica em parte as formas cada vez mais diretas e violentas de ação dos grupos e indivíduos do mundo ocidental, seja na política, seja na delinquência juvenil, seja na criminalidade adulta.

No tempo em que Freud viveu, a Primeira Guerra Mundial foi um exemplo típico de organização social dessa violência pelo poder estabelecido, pelas nações e por seus ideais de patriotismo. Hoje, tais noções estão muito relativizadas pela democracia, que de fato permite comportamentos aparentemente mais saudáveis, menos chauvinistas, da parte dos grupos sociais e dos Estados. A contrapartida é a expressão de forças em que a violência surge isolada, selvagem, associada à delinquência, como expressão de conflitos internos e desorganizados das pessoas. Assim, estamos vivendo hoje um mal-estar na cultura que é diferente daquele que Freud diagnosticou, e para cujos desdobramentos a própria teoria psicanalítica contribuiu, mediante sua influência sobre a pedagogia, os costumes e o individualismo contemporâneo.

A psicanálise e as ideologias libertárias contribuíram para a erosão dos sentimentos patrióticos e para a redução do nacionalismo e dos militarismos. Também relativizaram o poder da Igreja e da família patriarcal. Sem a proteção das diferentes formas de autoritarismo, os indivíduos restaram sós. A família deixou de ser referência absoluta, o pai perdeu o poder de orientar os comportamentos individuais, e as pessoas, em especial as mulheres, os jovens e as crianças, ficaram mais livres. Com a liberação dos costumes, que começa no pós-guerra, em meados dos anos 1950, a hipocrisia social diminuiu, o casamento deixou de ser tão rígido, o divórcio se tornou universal, a educação ficou mais liberal etc. Enfim, essas mudanças na relação entre indivíduo e sociedade, mudanças que se aceleraram e se alastraram depois da Segunda Guerra, colocam problemas graves. Vemos hoje o uso da franqueza e da sexualidade estimular o consumo de mercadorias, e não o bem-estar ou a felicidade. Tal processo civilizatório encoraja frustrações intensas de desejos onipotentes, que o grupo social não tem condições de implementar.

Diante dessa cultura, ou o sujeito suporta a angústia e se torna responsável por suas escolhas, no nível político, social e afetivo, e responde por tudo aquilo que tem origem nele, ou tende a atribuir essa responsabilidade a outrem, nostalgicamente, porque não há mais o imperador, não há mais o poder da Igreja ou do Estado, não há mais a pressão da aldeia – pelo menos, não da mesma forma que existia. Se ele tende a atribuir suas frustrações a outrem – seja a uma classe social, seja a um vizinho, seja ao cônjuge –, o que acontece? Toda vez que o indivíduo não se responsabiliza por si próprio, ele está sujeito a causar danos. É isso que a psicanálise procura mostrar.

Freud não trouxe nenhuma teoria para isentar as pessoas da responsabilidade sobre seus atos. Não veio para justificar que tal ou qual ato meu, desastroso, foi provocado por meu inconsciente, ou pela criação de meus pais, ou pela escola. Há, sem dúvida, motivações inconscientes para os atos individuais, e a análise é uma oportunidade privilegiada em que o conhecimento delas pode se dar. Mas esse contato existe antes da psicanálise, como mostra a literatura, entre outras experiências humanas. São questões que sempre estiveram aí, como parte da relação do indivíduo com o grupo humano.

A psicanálise acrescenta um elemento contemporâneo muito importante a essa experiência, ao identificar as motivações profundas, inconscientes, do indivíduo. Mas elas continuam sendo de sua inteira responsabilidade, ainda que eu compreenda que esta ou aquela pessoa não quis fazer intencionalmente algo de prejudicial a outro. Como diz o ditado, de boas intenções o inferno está cheio. Não basta, portanto, a pessoa ter boa intenção ou bom caráter. É preciso que reconheça suas motivações mais torpes e hostis. A única forma de se proteger da própria violência e proteger o mundo é reconhecê-la.

7. FREUD E O FUTURO

Há mais de cem anos, quando Freud elaborou as teorias, conceitos e procedimentos técnicos que deram origem à psicanálise, essa nova maneira de interpretar o sintoma psíquico – que, ao mesmo tempo, relacionava a mente com sua base material, o corpo, e conferia ao comportamento humano um caráter simbólico, legível – operou uma revolução no pensamento da época. De tal forma que, já nos anos 1920, a psicanálise estava totalmente aceita nos meios cultos, independentemente de gerar conflito.

Por ocasião da morte de Freud, em 1939, W. H. Auden (1907-1973) escreveu em sua homenagem um poema, parte do qual foi citado como epígrafe deste livro. Segundo Auden, a psicanálise não era mais a teoria de uma só pessoa, mas todo um clima de opinião. O poeta inglês queria dizer com isso que a teoria freudiana se disseminara de tal modo que certas noções básicas estariam assimiladas pelo pensamento da época, mesmo por pessoas que nunca haviam lido Freud e nem sequer ouvido falar dele. A psicanálise se difundiu e influenciou várias áreas do conhecimento, entre elas as ciências sociais, a ética, a psicologia, a pedagogia e a psiquiatria.

Quanto ao futuro da psicanálise, terá ela alcançado seu limite? Que perspectivas têm a psicanálise e as ideias de Freud, entendidas como o conjunto de conceitos psicanalíticos em que se incluem a noção de inconsciente, a de instinto, o complexo de Édipo, a teoria da mente e a ideia da transferência?

Dado que Freud agora é um clássico, poderíamos dizer que ele será relido e transformado pelas futuras gerações e não morrerá nunca. Mas, do ponto de vista da psicanálise como disciplina com vida própria, independente de Freud, quais os novos autores que estão contribuindo hoje para seu desenvolvimento?

Para responder à pergunta, pensando nas afinidades que a psicanálise mantém com outras áreas do conhecimento, como a literatura, a poesia, a arte e as ciências sociais, podem-se usar as categorias que Ezra Pound menciona em seus ensaios sobre poética, ao analisar a tradição do Ocidente nessa área. Ele divide os poetas em três categorias: os "inventores", os "mestres" e os "diluidores".[6] Freud está na categoria dos inventores? Sim, porque inventou o sistema. Ao mesmo tempo, foi mestre, porque teve uma vida longa e fecunda e pôde produzir já dentro do modelo que inventou. E, de certo modo, foi também diluidor, pois uma parte de sua obra é a divulgação de seus inventos.

Quanto aos analistas que vieram depois, alguns são inventores, e outros são mestres. Mas a maioria, é claro,

---

[6] Pound, Ezra. *ABC da literatura*. Tradução de José Paulo Paes. São Paulo: Cultrix, 1970.

só aplica esse saber. Uma psicanalista como Melanie Klein (1882-1960) estaria na categoria dos inventores, especialmente por seu trabalho com crianças e pelos desdobramentos dessa experiência na análise de pacientes psicóticos. Melanie Klein se tornou importante no movimento psicanalítico pela revisão de conceitos-chaves da teoria freudiana e pelos conflitos que suas teorias suscitaram com Anna Freud (1895-1982), filha e seguidora ortodoxa de Sigmund Freud.

Outro inventor seria Karl Abraham (1877-1925), que, junto com Carl Jung (1875-1961), trouxe para a teoria freudiana a influência do tratamento das psicoses. Seus trabalhos associaram a teoria da sexualidade infantil à origem e compreensão da melancolia, da mania e da demência precoce. A originalidade de Abraham renderia frutos nos estudos desenvolvidos por Melanie Klein e seus seguidores.

Sándor Ferenczi (1873-1933), psiquiatra húngaro, tornou-se psicanalista e discípulo brilhante de Freud e foi inovador na técnica, indo muito além das regras ortodoxas. Wilfred Bion (1897-1979), Donald Winnicott (1896-1971) e Jacques Lacan (1901-1981) são considerados, cada um a seu modo, e segundo a tradição cultural e científica de seus respectivos países (os dois primeiros são ingleses; o último, francês), grandes mestres da psicanálise contemporânea. A influência deles continua bastante viva nos meios psicanalíticos e também no cenário cultural, acadêmico e científico do Ocidente.

Recapitulando, então: na época em que ainda trabalhava como médico, Freud inventou a psicanálise ao tentar resolver um problema que ele supunha relacionado à neurologia, qual seja, a causa dos sintomas da neurose – mais especificamente, da neurose denominada histeria. O método que criou para fazer o diagnóstico e encontrar a causa e a forma de tratamento dos pacientes histéricos acabou distanciando--o do saber médico, positivo, empírico, para levá-lo a inaugurar uma nova área de conhecimento, que trabalha com um saber simbólico.

Ele fez esse percurso e construiu o conhecimento psicanalítico graças a sua teoria do inconsciente e à descoberta da importância da sexualidade infantil na formação da mente. Era a ideia de que as experiências corporais vividas pela criança, associadas às sensações de prazer e dor, alegria e pesar, alívio e sofrimento, vão configurando uma clivagem entre inconsciente e consciente.

Freud deslocou para o corpo da criança e as primeiras vivências libidinais a noção (cultivada pela medicina de seu tempo) de que a cada sintoma neurótico correspondia uma parte do cérebro com problema de funcionamento. Aquele corpo, Freud percebeu, desenvolve uma simbologia própria e progressiva, que dura o tempo de vida de uma pessoa. Como uma narrativa, ela vai sendo marcada por sua experiência, sua arte, sua religião, seu contato físico e afetivo com os outros, e só se encerra com a morte. E a disciplina que se ocupa dessa narrativa não é mais médica. Ela está relacionada não mais à história biológica do sujeito, e sim a sua história simbólica, cujo suporte é o corpo e cuja origem é, sem dúvida, biológica.

Freud conseguiu ligar essas duas naturezas fundamentais do sujeito: a material ou corporal, que está na origem do que virá a ser sua mente e sua personalidade, e a que está na base de sua interação com a cultura e o grupo social. É nesse sentido que Freud se mostra um inventor. Ele reorganizou de tal maneira a relação entre a mente e o corpo do indivíduo que acabou criando uma nova área de conhecimento.

Claro que se pode dizer que há precursores na teoria do inconsciente, bem como na teoria do instinto, de que são exemplos os filósofos oitocentistas Schopenhauer e Nietzsche, para citar os pensadores mais conhecidos. Mas eles são precursores "criados" por Freud, ao ter organizado sua própria obra, hoje clássica.[7] Na realidade, ao ter inventado essa relação nova entre mente e corpo, ao ter feito a ligação entre a cultura e a origem do indivíduo, Freud criou seus precursores. E só a invenção e a reinvenção permanente desse conhecimento pelos mestres (na acepção de Pound), seus discípulos e também criadores de novas linguagens, poderão assegurar o futuro da psicanálise.

---

[7] A ideia do autor que "cria" seus precursores – já que o surgimento de sua obra altera a percepção não só do futuro, mas também do passado – está no ensaio "Kafka e seus precursores" (1952). Ver: Borges, Jorge Luis. "Outras inquisições" (v. 2 das *Obras completas*). São Paulo: Globo, 1998.

CRONOLOGIA

1856	Em 6 de maio, nasce Sigmund Freud, na cidade de Freiberg (hoje Pribor, na República Tcheca).
1876-81	Primeiros trabalhos de pesquisa em neurofisiologia. Primeira publicação. Diploma-se doutor em medicina.
1885-6	Encontro com Charcot em Paris. Início do trabalho em clínica de doenças nervosas, com o colega mais velho, Josef Breuer.
1886	Casa-se com Martha Bernays.
1887	Nasce a filha Mathilde.
1889	Nasce o filho Jean Martin. O nome é homenagem a Charcot.
1891	Nasce o filho Oliver.
1892	Nasce o filho Ernst.
1893	Nasce a filha Sophie.
1893-5	Publica em colaboração com Breuer os *Estudos sobre a histeria*.

1895 Nasce Anna, a sexta e última filha de Freud. Seu nome é uma homenagem a Anna O., a paciente que está na origem dos primeiros trabalhos psicanalíticos de Freud, em parceria com Breuer. De todos os irmãos, Anna foi a única a seguir a carreira psicanalítica.

1898 Morre o pai de Freud.

1900-5 Publica a *Interpretação dos sonhos* (1900) e os *Três ensaios sobre a sexualidade infantil* (1905). A psicanálise se constitui como novo ramo de conhecimento, na fronteira entre a medicina e a psicologia clássica.

1907-8 Conhece Jung e Abraham, psiquiatras da escola suíça de Eugen Bleuler que terão grande influência no desenvolvimento das teorias de Freud sobre as psicoses. Até essa época, as descobertas freudianas centravam-se na causa e no tratamento das neuroses.

1909 Viaja para os Estados Unidos, em companhia de Jung e Ferenczi, pronunciando uma série de conferências (*Cinco lições de psicanálise*).

1914-23 Publica os artigos "Luto e melancolia", "Introdução ao narcisismo" e "O ego e o id" e o livro *Além do princípio de prazer*, que virão a constituir verdadeiros marcos no desenvolvimento de sua teoria.

1924-31 Publica artigos importantes sobre a questão do feminino e das psicoses: "A perda da realidade na neurose e na psicose" (1924), "Dissolução do complexo de Édipo" (1924), "Algumas consequências psíquicas das distinções anatômicas entre

	os sexos" (1925), "Fetichismo" (1927), "Sexualidade feminina" (1931).
1938	Após a ocupação nazista da Áustria em março, parte para Londres.
1939	Morre em Londres, em 23 de setembro.

BIBLIOGRAFIA

CHEMOUNI, Jacquy. *História do movimento psicanalítico*. Rio de Janeiro: Zahar, 1991.

FREUD, Sigmund. "Interpretação dos sonhos" (1900-1). In: *Edição standard brasileira*, v. IV-V. Rio de Janeiro: Imago, 1974.

_____. "Cinco conferências sobre psicanálise" (1910). In: *Edição standard brasileira*, v. XI. Rio de Janeiro: Imago, 1974.

_____. "Além do princípio do prazer" (1920); "Psicologia de grupo e análise do ego" (1921). In: *Edição standard brasileira*, v. XVIII. Rio de Janeiro: Imago, 1976.

_____. "Relatório de meus estudos em Paris e Berlim" (1860). In: *Edição standard brasileira*, v. I. Rio de Janeiro: Imago, 1977.

_____. "Três ensaios sobre a teoria da sexualidade infantil" (1905). In: *Edição standard brasileira*, v. VII. Rio de Janeiro: Imago, 1977.

_____. "Totem e tabu" (1913). In: *Edição standard brasileira*, v. XIII. Rio de Janeiro: Imago, 1977.

_____. "Artigos sobre a metapsicologia" (1915). In: Edição standard brasileira, v. XIV. Rio de Janeiro: Imago, 1977.

_____. "O ego e o id" (1923). In: *Edição standard brasileira*, v. XIX. Rio de Janeiro: Imago, 1977.

_____. "O mal-estar na civilização" (1930); "Sexualidade feminina" (1931). In: *Edição standard brasileira*, v. XXI. Rio de Janeiro: Imago, 1977.

FREUD, Sigmund; Breuer, Josef. "Estudos sobre a histeria" (1893-5). In: *Edição standard brasileira*, v. II. Rio de Janeiro: Imago, 1974.

GAY, Peter. *Freud, uma vida para o nosso tempo*. Tradução de Denise Bottmann. São Paulo: Companhia das Letras, 1989.

JONES, Ernest. *The Life and Work of Sigmund Freud*. Harmondsworth: Penguin, 1993.

LÉVI-STRAUSS, Claude. *Le totémisme aujourd'hui*. Paris: PUF, 1962.

MANNONI, Octave. *Freud*. Paris: Seuil, 1968.

MASSON, Jeffrey. *A correspondência completa de Sigmund Freud e Wilhelm Fliess* (1887-1904). Rio de Janeiro: Imago, 1986.

SARTRE, Jean-Paul. *As palavras*. Rio de Janeiro: Nova Fronteira, 2000.

WOLLHEIM, Richard. *As ideias de Freud*. Tradução de Álvaro Cabral. São Paulo: Cultrix, 1971.

SOBRE O AUTOR

Luiz Tenório Oliveira Lima, psiquiatra e psicanalista, é membro efetivo e professor do Instituto da Sociedade Brasileira de Psicanálise de São Paulo. Em parceria com a jornalista Silvia Campolim, escreveu *Enquanto as mulheres mandam, os homens fazem o que têm vontade* (Globo, 1998).

FOLHA EXPLICA

Folha Explica é uma série de livros breves, que abrange todas as áreas do conhecimento e cada um resumindo, em linguagem acessível, o que de mais importante se sabe hoje sobre determinado assunto.

Como o nome indica, a série ambiciona *explicar* os assuntos tratados. E fazê-lo num contexto brasileiro: cada livro oferece ao leitor condições não só para que fique bem informado, mas para que possa refletir sobre o tema, de uma perspectiva atual e consciente das circunstâncias do país.

Voltada para o leitor geral, a série serve também a quem domina os assuntos, mas tem aqui uma chance de se atualizar. Cada volume é escrito por um autor reconhecido na área, que fala com seu próprio estilo. Essa enciclopédia de temas é, assim, uma enciclopédia de vozes também: as vozes que pensam, hoje, temas de todo o mundo e de todos os tempos, neste momento do Brasil.

2001: UMA ODISSEIA NO ESPAÇO Amir Labaki

A ADOLESCÊNCIA Contardo Calligaris

ADORNO Márcio Seligmann-Silva

A ÁGUA José Galizia Tundisi e Takako Matsumura Tundisi

A AIDS Marcelo Soares

A ALCA Rubens Ricupero

OS ALIMENTOS TRANSGÊNICOS Marcelo Leite

O AQUECIMENTO GLOBAL Claudio Angelo

ARTE BRASILEIRA HOJE Agnaldo Farias

CAETANO VELOSO Guilherme Wisnik

CARLOS DRUMMOND DE ANDRADE Francisco Achcar

CARLOS GOMES Lorenzo Mammì

CASA-GRANDE & SENZALA Roberto Ventura

A CERVEJA Josimar Melo

CHICO BUARQUE Fernando de Barros e Silva

O CIGARRO Mario Cesar Carvalho

CINEMA BRASILEIRO HOJE Pedro Butcher

CLARICE LISPECTOR Yudith Rosenbaum

OS CLONES Marcia Lachtermacher-Triunfol

A CULTURA DIGITAL Rogério da Costa

DARWIN Marcelo Leite

A DEMOCRACIA Renato Janine Ribeiro

O DNA Marcelo Leite

O DÓLAR João Sayad

A DOR	João Augusto Figueiró
DORIVAL CAYMMI	Francisco Bosco
A ESPECULAÇÃO FINANCEIRA	Gustavo Patu
O EURO	Silvia Bittencourt
A FLORESTA AMAZÔNICA	Marcelo Leite
FUTEBOL BRASILEIRO HOJE	José Geraldo Couto
FREUD	Luiz Tenório Oliveira Lima
GRACILIANO RAMOS	Wander Melo Miranda
GUIMARÃES ROSA	Walnice Nogueira Galvão
A HISTÓRIA DO BRASIL NO SÉCULO 20 (1900-1920)	Oscar Pilagallo
A HISTÓRIA DO BRASIL NO SÉCULO 20 (1920-1940)	Oscar Pilagallo
A HISTÓRIA DO BRASIL NO SÉCULO 20 (1940-1960)	Oscar Pilagallo
A HISTÓRIA DO BRASIL NO SÉCULO 20 (1960-1980)	Oscar Pilagallo
A HISTÓRIA DO BRASIL NO SÉCULO 20 (1980-2000)	Oscar Pilagallo
A INTERNET	Maria Ercilia e Antonio Graeff
O ISLÃ	Paulo Daniel Farah
JOÃO CABRAL DE MELO NETO	João Alexandre Barbosa
JOÃO GILBERTO	Zuza Homem de Mello
JOSÉ CELSO MARTINEZ CORRÊA	Aimar Labaki
JUNG	Tito R. de A. Cavalcanti

LACAN	Vladimir Safatle
A LINGUAGEM MÉDICA	Moacyr Scliar
LITERATURA BRASILEIRA HOJE	Manuel da Costa Pinto
MACACOS	Drauzio Varella
MACHADO DE ASSIS	Alfredo Bosi
A MACONHA	Fernando Gabeira
MACUNAÍMA	Noemi Jaffe
A MAGIA	Antônio Flávio Pierucci
MANUEL BANDEIRA	Murilo Marcondes de Moura
O MARKETING ELEITORAL	Carlos Eduardo Lins da Silva
MARX	Jorge Grespan
MELANIE KLEIN	Luis Claudio Figueiredo e Elisa Maria de Ulhôa Cintra
A MENOPAUSA	Silvia Campolim
A MODA	Erika Palomino
MONTAIGNE	Marcelo Coelho
MÚSICA CLÁSSICA BRASILEIRA HOJE	Sidney Molina
MÚSICA POPULAR BRASILEIRA HOJE	Arthur Nestrovski (org.)
O NARCOTRÁFICO	Mário Magalhães
NIETZSCHE	Oswaldo Giacoia Junior
PAULO FREIRE	Fernando José de Almeida
POLÍTICAS PÚBLICAS	Marta M. Assumpção Rodrigues
A PRISÃO	Luís Francisco Carvalho Filho

AS PROFISSÕES DO FUTURO	Gilson Schwartz
O PROJETO GENOMA HUMANO	Mônica Teixeira
O PT	André Singer
OSCAR NIEMEYER	Ricardo Ohtake
RACISMO NO BRASIL	Lilia Moritz Schwarcz
A REFORMA AGRÁRIA	Eduardo Scolese
A REPÚBLICA	Renato Janine Ribeiro
ROBERTO CARLOS	Oscar Pilagallo
SÃO PAULO	Raquel Rolnik
OS SERTÕES	Roberto Ventura
TOM JOBIM	Cacá Machado
O TRABALHO INFANTIL	Ari Cipola
VILLA-LOBOS	Fábio Zanon
VINICIUS DE MORAES	Eucanaã Ferraz
VIOLÊNCIA URBANA	Paulo Sérgio Pinheiro e Guilherme Assis de Almeida

Este livro foi composto nas fontes
Bembo e Geometric 415 e impresso
em junho de 2013 pela Corprint,
sobre papel offset 90 g/m².